BEI GRIN MACHT SICH IHR WISSEN BEZAHLT

Bibliografische Information der Deutschen Nationalbibliothek:

Die Deutsche Bibliothek verzeichnet diese Publikation in der Deutschen National-
bibliografie; detaillierte bibliografische Daten sind im Internet über http://dnb.d-
nb.de/ abrufbar.

Impressum:

Copyright © 2007 GRIN Verlag, Open Publishing GmbH
Druck und Bindung: Books on Demand GmbH, Norderstedt Germany
ISBN: 9783638774178

Dieses Buch bei GRIN:

http://www.grin.com/de/e-book/71414/sprachvergleich-deutsch-tuerkisch

Fatih Vapur

Sprachvergleich Deutsch-Türkisch

GRIN Verlag

GRIN - Your knowledge has value

Der GRIN Verlag publiziert seit 1998 wissenschaftliche Arbeiten von Studenten, Hochschullehrern und anderen Akademikern als eBook und gedrucktes Buch. Die Verlagswebsite www.grin.com ist die ideale Plattform zur Veröffentlichung von Hausarbeiten, Abschlussarbeiten, wissenschaftlichen Aufsätzen, Dissertationen und Fachbüchern.

Besuchen Sie uns im Internet:

http://www.grin.com/

http://www.facebook.com/grincom

http://www.twitter.com/grin_com

Universität Duisburg-Essen

Wintersemester 2006/07

Leistungsnachweis im Hauptstudium

Sprachvergleich Deutsch und Türkisch

Vorgelegt von: Fatih Vapur

Datum: 08.05.2006

Inhaltsverzeichnis

1. Einleitung

Jeder Fachunterricht, der überwiegend von zweisprachigen Kindern besucht wird, auch ein Sprachunterricht sein kann, ist die Sprache das Medium des Lernens. Im Mittelpunkt dieser Arbeit steht Fachunterricht. Sowohl mündliche als auch schriftliche Kommunikation, das Textverstehen, unter Berücksichtigung der sprachlichen Richtigkeit und die Reflexion von Fachbegriffen sind fächerübergreifende sprachliche Kompetenzen.

Das sprachliche Lernen als Aufgabe des Unterrichts aller Fächer als Unterrichtsentwicklung in jeder Klassenstufe erfordert einen neuen Blick auf den Unterricht, der auch die Perspektive der Schülerinnen und Schüler mit einschließt. Damit verbunden ist auch eine vielschichtige Verhaltensänderung der Unterrichtenden. Beides muss aktiv erarbeitet werden, um nachhaltige Wirkung zu gewährleisten.

Auch in der Bundesrepublik Deutschland ist das Interesse für die türkische Sprache in den letzten Jahren enorm gestiegen. An Universitäten, Volkshochschulen und ähnlichen Institutionen werden immer mehr Sprachkurse für Türkisch im Rahmen des Integrationsprogramms angeboten und belegt. Nicht nur in solchen Institutionen wird Türkisch gelernt und gelehrt, sondern in deutschen Schulen als Muttersprachenunterricht oder anstelle einer Fremdsprache.

Aus den oben genannten Gründen wurde das Türkische in den letzten Jahren immer mehr zum Gegendstand sprachvergleichender Studie.

In meiner Vergleichstudie mit dieser Arbeit bezwecke ich keine Analyse im rein linguistischen Vergleich dieser beiden Sprachen, sondern anhand möglich vieler Fehler-Beispiele, die ich von türkischen Kindern in der Praxis sowohl im Förderunterricht als auch im Fachunterricht gesammelt habe, auch mit Hilfe der vorhandenen Literatur, einen Einblick in den bisherigen Forschungsstand über das von mir gewählte Thema zu bekommen und dabei zu versuchen meine eigenen Erfahrungen in diesem Gebiet, dieser Arbeit gegenüber zu stellen.

2. Allgemeine Darstellung der Struktur zweier nicht verwandten Sprachen; Unterscheidung zwischen agglutinierenden und flektierenden Sprachen

Das Deutsche gehört zu den indogermanischen Sprachen oder indoeuropäischen Sprachen der am weitesten verbreitete Sprachfamilie der Welt. Die Weiterentwicklung der indogermanischen Sprachen ist stark durch die Flexion gekennzeichnet. Die türkische Sprache (das Türkeitürkische) , die bedeutendste und größte der sog. „Turksprachen" ist ein Zweig der altaischen Sprachfamilie und stark durch Agglutination gekennzeichnet. Viele indoeuropäische Sprachen haben im Gegensatz zu agglutinierenden Sprachen einen flektierenden Sprachbau.

„Das Türkische ist eine agglutinierende Sprache, sie „leimt" und „klebt" an den Wortstamm Suffixe um Abwandlungen und Bedeutungsunterschiede auszudrücken. Während in den europäischen Sprachen die Flexion oder Wortbiegung durch Veränderung des Wortstammes geschieht, (z.B. laufen, lief, gelaufen, Lauf, Läufer usw.) werden im Türkischen Suffixe angehängt[1], ohne dass der Wortstamm dabei verändert wird: (laufen: kos-mak, kos-tu, kos-mus, Kosu-cu, Kos-u).

Beispiel:

Avrupa-li-las-tir-a-ma-dik-lar-i-miz-dan-mi-siniz?

Sind Sie einer von denen, die wir nicht europäisieren konnten.

2.1 Lateinischen Buchstaben

Beide Sprachen - das Deutsche wie das Türkische - werden mit lateinischen Graphemen geschrieben. Es scheint zunächst vorteilhaft für SprachanfängerInnen sowie für ZweisprachlerInnen zu sein, die das Türkische als Fremdsprache oder Nebensprache im Gegensatz zu asiatischen Spracherlernern, die das Deutsche als Fremdsprache oder Nebensprache in der Schule oder außerhalb der Schule erlernen möchten.

Das Deutsche besteht aus 26 Buchstaben (8 Vokale) und das Türkische aus 29 Buchstaben (auch 8 Vokale), die sowohl in der Schriftsprache als auch im mündlichen unterschiedliche Schreibweisen und Lautwerte aufweisen und

---

[1] Otto Spies & Belma Emircan, Türkisch-Lehrbuch für Anfänger, Heidelberg: Groos, 1997.

voneinander erheblich unterscheiden. Dieser Schein, der beide Sprachen leider nur Schreibweise einander nähert trügt den Sprachlerner.

Deutsche Grapheme, die im türkischen Alphabet nicht vorkommen, sind die 5 Buchstaben: ä, ß, q, w, x.

ç, ğ, ş, ı und das große İ (mit Punkt) sind die Buchstaben, die im deutschen Alphabet nicht existieren.

Sowohl im Deutschen als auch im Türkischen gibt's 8 Vokale.

Die türkischen Vokale a, e, ı, i, o, u, ö, ü und die deutsche Vokale: a, ä, i, u, ö, ü, o, e. Wenn man die Vokalwerte näher betrachten, stellt man fest, diese Ähnlichkeit führt uns auch zum Irrtum, es sei denn, man kennt die Artikulationsart der Vokale der beiden Sprache bzw. die Lippen- und Zungenstellung (enge und breite) beim Aussprechen dieser Vokale. Erst dann stellt man fest, von Vokaldauer, Kurz- und Langvokale, hat das Deutsche mehr Vokallaute als das Türkische mit seinen 8 Vokalbuchstaben. Neumann erwähnt in der Hinsicht 14-15 Vokallaute im Deutschen.[2]

Unter diesen Aspekten treten im Fachunterricht in Bezug auf Schülerinnen und Schüler mit türkischem Hintergrund bestimmte sprachliche Grundlagen, auf die ab dem nächsten Kapitel näher eingegangen wird.

2.2 Buchstabenkenntnisse

Im Jahr 1923 wurde nach der Gründung der neuen Türkischen Republik, die arabische Schrift in der Türkei abgeschafft und an ihrer Stelle, die lateinischen Buchstaben eingeführt. Bei der Einführung achtete man darauf, dass in der Standardsprache jeder Laut mit einem Graphem wiedergegeben wird. Das bedeutet nichts anderes, als dass die Türkische Sprache hinsichtlich der Lautwerte gegenüber dem Deutschen eine Lauttreue Sprache ist oder, dass sie mit Lauten sparsamer als deutsche Sprache umgeht. Die neu eingeführte türkische Rechtschreibung navigiert ziemlich streng nach dem Lautprinzip wie die deutsche Sprache. Da im Deutschen ca. 40 Laute vorkommen, dafür aber keine 40 Buchstaben zur Verfügung stehen, gibt es eindeutige Zuordnungsprobleme. Es gibt im Deutschen Laute, die durch Buchstabenbildungen wie tz, ph, ch, sch, dsch, sp, tsch präsentiert werden.

---

[2] (NEUMANN, Rosemarie, Sprachkontrast Deutsch/Türkisch)

„Ganz im Gegensatz zum Deutschen gilt also im Türkischen, dass zwischen Laut und Buchstabe der Hochsprache ein durchgängiges 1:1 Verhältnis besteht."[3]

2.3 Vergleich der Laut/Buchstaben Zuordnung beider Sprachen

(Beispiel über 1:1 Verhältnis im Türkischen)

Buchstabe (V) im Türkischem: *(V) azo, (V) aliz, (V) olkan, (V) alide, (V) ali usw.*

Der Laut /V/ wir nur von einem Buchstabe (V) wiedergegeben.

Buchstabe (V) im Deutschen: (V) ase /W/ ase, (V)ater – /F/ ater.

Wie es feststellen lässt, der Laut /V/ kann im Deutschen von zwei Graphemen (V) und (W) dargestellt werden wie der /F/ Laut.

Der Buchstabe (V) steht in manchen Stellen der deutschen Wörter für den Laut von /F/ und manchmal für den Laut /W/.

Wörter wie; Ner(v), nai(v), primiti(v) usw.

(Beispiel für den Laut „F"):

Wörter wie; (V)ogel , (V)ater, wo(v)on, wie (v)iele, (v)on, usw.[4] Ein türkisches Kind, das von zu Hause aus diesen Laut kennt und sein Ohr für diesen Laut empfindlich ist oder auf Türkisch lesen und schreiben gelernt hat, kann durchaus Schwierigkeiten haben, wenn es auf ein Mal dieses Wort in der Grundschule zum ersten Mal schreiben muss.

Dieses Kind wird höchstwahrscheinlich diese Fehler machen:

Ich habe Fogel gesehen; fon Essen; mein Fater usw.

(Bespiel für den Laut „W"):

Dasselbe Prinzip gilt auch für den Laut W. Wie man in Beispiel Wörtern sieht, wird der Buchstabe (V) als /F/ Laut wiedergegeben. Und so kommen bei manchen türkischen Kindern diese Fehler vor, wenn sie Lautwerte der Buchstaben verwechseln:

Naif, Nerf, primitif usw.

Das Problem ist nicht nur bei /V/ sondern bei fast jedem Laut im Deutschen.

Fast jeder Laut des Türkischen wird durch einen Buchstabe und nicht mehrere Buchstaben wiedergegeben. In der Hinsicht haben türkische Schüler enorme Schwierigkeiten im Deutschen bei der Aussprache von Wörtern die

---

[3] Neumann, Ursula, Einführung in die Fachdidaktik-Reader; Sprachkontrast Deutsch/Türkisch, s 151
[4] Neumann, Ursula, Einführung in die Fachdidaktik-Reader; Sprachkontrast Deutsch/Türkisch

Buchstabengruppen wie sch, ch, eu, ei, au, sp, tsch, pf beinhalten. Es lässt sich in folgenden Beispielen verdeutlichen.

Beispiel:

K(ei)n: Kei(y)n oder ka(y)n.

Wenn die Laut- und Buchstabenzuordnung einem türkischen Schüler in der Grundschule nicht deutlich gut erklärt worden ist, sollte man sich als Lehrer nicht wundern, dieser Schüler diesen Laut, den er meistens zu Hause von seinen türkisch redenden Eltern hört, in Buchstaben wie a(y) wiedergibt.

Weitere Beispielwörter:

F(ei)n, (Sch)ule, (Eu)le, S(au), (Sp)alte, (Pf)eife, usw.

Weitere einige Buchstabe des Türkischen und deren Lautwerte:

ç [tsch] wie in Tschechien

c [dj] z.B. Dschungel

e entspricht in etwa dem deutschen "ä", nicht dem "e" wie z.B. in "E"sel

ı (ohne Entsprechung) klingt etwas wie das zweite "e" in geben, wenn man mehr "gebn" als "geben" sagt.

r das "r" wird gerollt, Zungenspitze und nicht Gaumen (r)

ğ (yumuşak "weiches" g): leicht gemacht klingt es wie auf Deutsch Verlängerungs-h ("geh"), aber auch wie ein ganz leichtes "h", das kaum zu hören ist.

ş entspricht "sch" wie Tisch

z entspricht dem "weichen" s wie in Esel

s entspricht dem stimmlosen s wie in Straße

2.3.1 Vokalharmonie im Türkischem

Wie am Anfang erwähnt wurde, weist die türkische Sprache stark eine Formenlehre auf. Ein rein türkisches Wort beinhaltet ausnahmen ausgeschlossen entweder nur helle Vokale oder nur dunkle Vokale. In der türkischen Grammatik nehmen Endungen und die damit verbundene Vokalharmonie eine große Rolle für die Rechtschreibung. Die Regeln der Vokalharmonie besagen, dass die Vokale der Endungen mit dem letzten Vokal des Wortstammes harmonisieren müssen.[5]

---

[5] Neumann Ursula, türkische Kinder-deutsche Lehrer, 1982

Vokalarten im Türkischen:

Helle Vokale: e, i, ö, ü

Dunkle Vokale: a, ı, o, u

Runde Vokale: o,u,ö,ü

Gespreizte Vokale: a,e,i,ı

Wie in jeder Sprache gibt es auch im Türkischen Wörter, die aus anderen Sprachen übernommen sind, sowie Ausnahmen auch vorkommen. Die türkische Sprache ist in der geschichtlichen Entstehung vor allem vom Arabischen und Persischem sehr beeinflusst worden.

Auch die Sprachförderung im Fach- und Mutterspracheunterricht sollte mit dem Deutschunterricht koordiniert werden. Den türkischen Kindern sollte die Vokalharmonie im Türkischen klar sein.

2.3.1.1 Die Kleine Vokalharmonie

Ist der letzte Vokal ein heller Vokal, dann muss die Endung ein e enthalten.

Ist der letzte Vokal dagegen ein dumpfer Vokal, dann enthält die Endung ein a.

e - i - ö - ü	e
a - ı - o - u	a

Beispiel:

Plural : Ögrenci   Ögrenc(i)-l(e)r   Der Schüler Die Schüler (Keine Änderung im Plural)

Dativ : Adam   Ad(a)m-(a)   Der Mann   Dem Mann (wem Fall „dem")

Der Dativ wird mit der kleinen Vokalharmonie gebildet. Meistens wird der Dativ wie im Deutschen verwendet, weiterhin dient er der Richtungsanzeige.

Beispiele:

Ich gehe nach Hause. - Ben eve gidiyorum.

Ich gebe Dir ... - ... sana veriyorum

2.3.1.2 Die große Vokalharmonie

letzter Vokal im Wortstamm	a oder ı	o oder u	e oder i	ö oder ü
Vokal in der Endung	ı	u	i	ü

Beispiel:

Akkusativ : Sen, s (e) n-(i) Du, dich

Bilgisayar, bilgisay(a)r-(ı) Der Computer, den Computer

Kabl (o), Kablo-y- (u) Der Kabel, den Kabel

Der Akkusativ wird mit der großen Vokalharmonie gebildet. Die Verwendung entspricht ebenfalls weitestgehend der im Deutschen.

Beispiele:

Ich liebe Dich. - Ben seni seviyorum.

Ich sehe den Hund. - Ben köpeği görüyorum.

Endet das Wort auf einen "harten" Konsonant, wird dieser beim Anhängen der Endungen zu einem weichen.

k wird zu ğ (yatak - yatağı)

p wird zu b (kitap - kitabı)

t wird zu d (armut - armudu) 6

Endet das Wort auf einen Vokal, wird bei Dativ und Akkusativ der Verbindungskonsonant (y) eingeschoben.

sandalye – sandalye (y) i Der Stuhl – den Stuhl

sinema – sinema (y) a   Das Kino – in das Kino

Zusammenfassung Kapitel 2.3

Im Bereich der Lautung und Rechtsschreibung ergeben sich viele Aspekte, die zu analysieren sind.

(Probleme)

Wiedergabe der deutschen Laute mit türkischen Graphemen.

---

6 Neumann, Ursula, Einführung in die Fachdidaktik-Reader; Sprachkontrast Deutsch/Türkisch

(Fehlschreibung – Beispiele)

Nai(v) - Nai (f), F (ei) n – F (ay) n, (Pf)ennig – (F)ennig, (V)ater- (F)ater, (S)ee - (Z)ee, i(ch) – i(h), primiti(v) – primiti (f).

(Zielsetzung)

Auf dieses Komplex -Laut/Buchstaben Verhältnis- im Deutschen sollten Schüler mit türkischem Hörvermögen die schon Türkisch lesen und schreiben können und diese Sprache systematisch erlernt haben, möglichst früh (in der Grundschule) gefördert werden, die unbekannte deutschen Zeichen und deren Funktion zu erlernen. Dies kann nur solchen LehrerInnen gelingen, die das Laut-, Buchstabenverhältnis des Türkischen und Vermittlungsstrategien für bilinguale Menschen kennen. Durch die Teilnahme am muttersprachlichen Unterricht kann die Differenz zwischen beiden Sprachen überwunden werden.

Probleme bestehen nicht nur bezüglich der einzelnen Laute, sondern vor allem aufgrund der möglichen, in Frage kommenden, Lautkombinationen. Hinzu kommt noch, dass die Schüler den Erwerb beider Sprachen parallel erreichen müssen. In dieser Hinsicht ist der muttersprachliche Unterricht aufgrund der Interferenz entscheidend.

2.4 Rechtschreibförderung

Rechtschreibförderung sollte auch im Fachunterricht integriert sein. Sie ist nicht nur ein Bestandteil des Deutschunterrichts. Es gibt unterschiedliche Übungsmöglichkeiten. Zunächst kommen Grundübungen, dann eine Reihe von Einschleif- und Automatisierungsübungen, danach sind Übungsformen der kognitiven Durchdringung des Nachdenkens, der Regelbildung angeboten und schließlich sind Ü-formen zur orthografischen Selbstständigkeit- bzw. das Lernen lernen und der Selbstorganisation angegeben.

2.4.1 Groß und Kleinschreibung

Die Großschreibung ist eine sprachliche Besonderheit des Deutschen, auf sie einen großen Wert gelegt wird. Im Türkischen ist Groß- und Kleinschreibung bildet auch eine sprachliche Besonderheit aber sie unterscheidet sich von der des Deutschen. Im Türkischen schreibt man nur Überschriften, Satzanfänge, Eigennamen und besondere Daten groß. Im Deutschen dagegen schreibt man nicht nur Überschriften,

Eigennamen und Satzanfänge groß, sondern auch Substantive und als Substantive gebrauchte Wörter, was türkischen Muttersprachlern Probleme bereitet.[7]

Ich habe den Lehrer gesehen: Ben ögretmeni gördüm.

Im Ganzen sieht das Thema anders aus: Konu bütünde farkli görünüyor.

2.4.2Getrennt- und Zusammenschreibung

Auch die Getrennt- und Zusammenschreibung bereitet türkischen Muttersprachlern Probleme. Bei der Getrennt- und Zusammenschreibung geht es um die Frage, ob es sich bei den Wörtern, die im Text unmittelbar benachbart und aufeinander bezogen sind, um eine Zusammensetzung oder um eine Wortgruppe handelt.

Dieser Bereich wurde 1996 erstmals amtlich geregelt. Dabei sind die Regeln grammatikalisiert worden, was vorher nicht der Fall war. Vor der Rechtschreibreform standen Bedeutung, Betonung und Geläufigkeit bei der Frage der Getrennt- oder Zusammenschreibung im Vordergrund.

2.5 Wortbildungen

2.5.1 Gebrauch der Artikel

Die vier Fälle im Deutschen werden in erster Linie durch den Artikel (Polyseme Formen der Artikel) angezeigt Daher ist der Gebrauch des Artikels sehr wichtig. Angesicht der Tatsache, dass es im Türkischen weder Artikel noch Genera gibt, haben türkische Muttersprachler Schwierigkeiten beim Gebrauch des Artikels. Die Muttersprachler des Türkischen neigen dazu, den Artikel wegzulassen.

Im Gegensatz zum Türkischen werden Nomen im Deutschen nach Genus, Kasus und Numerus dekliniert. Da das Türkische kein Genus kennt, werden die Nomen im Türkischen nur nach Kasus und Numerus dekliniert. Im Deutschen erfolgt die Deklination der Nomen sowohl durch Endungen (äußere Flexion) und durch Umlaut (innere Flexion) als auch durch den Artikel, der das Nomen im Satz oft begleitet. Im Türkischen erfolgt die Deklination nur durch Endungen.[8]

---

[7] Neumann, Ursula, Einführung in die Fachdidaktik-Reader; Sprachkontrast Deutsch/Türkisch
[8] Alev Tekina, Sprachvergleich Deutsch-Türkisch, , 1987

Im Deutschen	im Türkischen
Maskulin, Feminin, Plural	Maskulin, Feminin, Plural
Der Lehrer, Die Lehrerin, Die Lehrer	Ögretmen, Ögretmen, Ögretmen-ler

Erläuterung: Um eine Verwechslung zu vermeiden, ob die Person männlich oder weiblich ist, fügt man bei der weiblichen Person bei Lehrkraft nach dem Wort Ögretmen „Hanim" hinzu. Beispiel: Ögretmen Hanim.

Ausnahmen: Direktor, Direktorin   Müdür, Müdire ! (ohne „Hanim")

In der Praxis lässt sich feststellen, dass im Gebrauch der Artikel folgende Bereiche problematisch aussehen:

1. Bei der Deklination und beim Gebrauch des bestimmten Artikels.

2. Bei der Deklination und beim Gebrauch des unbestimmten Artikels.

3. Nullartikel/Nichtgebrauch des Artikels im Singular. [9]

Jeder, der mit der deutschen Sprache in Berührung kommt, sollte die Deklination der bestimmten und unbestimmten Artikel (die unten in der Tabelle aufgezeigt ist) sicher beherrschen.

---

[9] Cakir, Yurdakul, Schreibwerkstatt-Uni-Essen

	Singular			Plural
	maskulin	neutral	feminin	maskulin/neutral/feminin
Nominativ	der	das	die	die
Genitiv	des	des	der	der
Dativ	dem	dem	der	den
Akkusativ	den	das	die	die

	Singular			Plural
	maskulin	neutral	feminin	maskulin/neutral/feminin
Nominativ	ein	ein	eine	
Genitiv	eines	eines	einer	nicht vorhanden
Dativ	einem	einem	einer	
Akkusativ	einen	ein	eine	

2.5.2 Präpositionen

Präpositionen (deutsch: Vor-, Füge- oder Verhältniswörter) sind ihrer Form nach unveränderlich, d.h., sie werden nicht gebeugt.

Präpositionen fügen im Deutschen, Satzglieder in den Satz ein und drücken dabei folgende Beziehungen und Verhältnisse aus:

1. lokal (Richtung, Raum und Ort): an, auf, aus, in, zwischen, ...

2. temporal (Zeit und Dauer); bis, gegen, seit, um, während, ...

3. modal (Art und Weise, Begleitumstände) einschließlich, mit, ohne, ...

4. kausal (Grund, Ursache, Zweck) angesichts, infolge, trotz, wegen, ... 10

Präpositionen werden immer zusammen mit einem anderen Wort oder mit einer Wortgruppe gebraucht und regieren (=bestimmen) in der Regel den Kasus des Bezugswortes oder der Nominalgruppe, mit der sie in Verbindung stehen. Dabei können sie unterschiedliche Positionen zum Bezugswort einnehmen:

In den meisten Fällen stehen sie vor dem Bezugswort, daher auch der Name Präposition = 'Position davor': in der Hausarbeit, auf dem Deckblatt, mit dem Thema, im Inhaltsverzeichnis.

---

[10] Cakir, Yurdakul, Schreibwerkstatt-Uni-Essen

Es gibt auch Präpositionen (wenn auch wenige), die hinter dem Bezugswort stehen: den Gang entlang, der Uni gegenüber, der Form halber.

Einige zweiteilige Präposition umklammern das Bezugswort: um einer guten Note willen.

Bei einer Reihe von Präpositionen verschmelzen die Artikelformen dem, den, das und der, wenn sie schwach betont sind, mit der Präposition:

an + das = ans an + dem = am in + das = ins in + dem = im

bei + dem= beim zu + dem = zum zu + der = zur von + dem = vom

Im Türkischen gibt es keine Präpositionen, was ihre Verwendung im Deutschen für türkische Muttersprachler sehr schwer macht. Die Funktion der deutschen Präpositionen übernehmen im Türkischen zum größten Teil

der Dativ (-a/-e)

okul-a zur Schule, in die Schule, auf die Schule, an die Schule,

Üniversite-y-e zur Universität, in die Universität, auf die Universität, an die Universität,

der Lokativ (-da/-de)

okul-da in der Schule, an der Schule, auf der Schule

saat iki-de um zwei Uhr

Türkce-de im Türkischen

der Ablativ (-dan/-den)

okul-dan aus der Schule, von der Schule

yün-den aus Wolle

In einigen Fällen übernehmen Postpositionen die Funktion der deutschen Präpositionen:

Ögretmen (ile) ; mit dem Lehrer

Babam (icin) ; für meinen Vater

Einige lokale Präpositionen werden im Türkischen mit der Genitiv-Possessiv-Konstruktion + Kasusendung wiedergegeben:

üniversitenin önüne vor die Universität

üniversitenin önünde vor der Universität

Bei Personalpronomen gibt's auffällige Fehlerbeobachtungen.

Da es im Türkischen kein Genus vorkommt, gibt es für jede Rolle jeweils ein Personalpronomen im Singular (*ben, sen, o*) und eins im Plural (*biz, siz, onlar*). Weil im Deutschen die 3. Person Singular durch die Genera unterscheidet, bildet die Pronominalisierung im Deutschen für türkische Muttersprachler eine weitere Fehlerquelle. Viele neigen dazu, für Nomen, die Sachen, Begriffe u.ä. bezeichnen, **es** zu verwenden, wenn sie sie wieder aufgreifen.

Beispiel:

Der Brief ist fertig. Ich habe **es** abgeschickt.

oder Das Protokoll ist fertig. Ich habe **ihn** abgegeben.[11]

3. Satzstruktur

Die Satzstellung im Türkischen ist anders als im Deutschen, anstatt Subjekt-Prädikat-Objekt ist es im Türkischen Subjekt-Objekt-Prädikat.

Das heißt also, das Verb steht immer an letzter Stelle des Satzes. Jemand aus der Türkei das Deutsche als Fremdsprache lernt und zum ersten Mal im Deutschen einen Satz bilden möchte, wird wahrscheinlich die Satzstellung genau von seiner Muttersprache auf die Zielsprache übertragen.

Beispiel:

Ich gehe nach Hause - Ben eve gidiyorum. (Ich nach Hause gehen).
S   P   O   S   O   P

4. Fachwortschatz

Im Fachunterricht spielt die Arbeit am Wortschatz eine wichtige Rolle. 12 Durch das Semantisierungsverfahren der Bedeutungsvermittlung sollte das unbekannte Fachwort in einem Kontext bearbeitet werden. Auch die grammatischen Eigenschaften bei der Vermittlung sind zu beachten.

---

[11] Cakir, Yurdakul, Schreibwerkstatt-Uni-Essen
[12] Sprachliche Förderung von Schülerinnen und Schüler mit Migrationshintergrund in der Sek1, Claudia Benholz, Iordanidou s. 15

Nomen: Artikel und Pluralform sind in der Wortschatzarbeit unbedingt mitaufgeführt. Auch unterschiedliche Kasusformen sollten wiedergegeben werden.

Beispiel:

Das Nervensystem, die Nervensysteme, das System, die Nerven = das Nervensystem

„Das Nervensystem" des Menschen oder die zentrale Rolle „des Nervensystems".

Verben: Infinitiv, Zeitformen und unregelmäßige Formen der Verben sollten in der Wortschatzarbeit im Fachunterricht wiedergegeben. In einem kurzen Text sollte das Verb in verschiedenen Formen und Zeiten und verwendet werden. Auch die Präpositionen, die nicht unabhängig von Verben sein können, sollten genannt werden.

Beispiel: implantieren, implantierte(regelmäßiges Verb), die Implantation, das Implantat Ich implantierte, er implantiert, es wird/hat implantiert, usw.

Adjektive: Das passende Nomen und die Steigerungsformen sind unbedingt zu nennen.

Beispiel: das Engagement, engagieren und sich engagieren.

ein engagierter Lehrer. engagiert sein, er ist engagierter als er.

5.   Fazit

Das Thema dieser Arbeit deutet an, dass ihr Gegenstand dem Forschungsbereich der kontrastiven Sprachanalyse entnommen ist. Aber eine Analyse im rein linguistischen Vergleich dieser beiden Sprachen war nicht das Ziel dieser Arbeit. Das erste Ziel war den Ursprung von phonetischen und grammatischen Fehlern in der Anwendung im Fach- und Förderunterricht aufzudecken.

Fehler-Beispiele der türkischen Schüler im Förderunterricht Deutsch zeigen, dass sie in gewissem Sinne zwischen zwei Sprachen hin und her leben und sich mit beiden in unterschiedlicher Form auseinandersetzen und identifizieren.

Wenn man Fehleranalyse türksicher Kinder der Sekundarstufe 1 und 2 näher untersucht, stellt man fest, dass sie allgemein gesehen eigentlich im Bereich der Lexik, Semantik und Syntax Schwierigkeiten haben. Was aber besonders bei Grundschulkindern im Gegensatz sek. 1 und 2 auffällig ist, dass türkische Kinder (genauso wie deutsche Kinder auch!) im Bereich Laut-Buchstabenordnung des Deutschen nicht zu Recht kommen.

Interferenzfehler bedingt der Erstsprache ist vor allem bei sek.1 und 2 Schülern auffällig.

Ich habe versucht anhand dieser Fehler, einen Sprachvergleich zwischen den beiden Sprachen im Fach- und Förderunterricht näher zu analysieren und Fehler bedingt der unterschiedlichen Sprachstrukturen zu entdecken und den genauen Grund dieser Fehler festzustellen.

6. Quellenverzeichnis

1. Neumann Ursula, türkische Kinder-deutsche Lehrer, 1982, München

2. Alev Tekina, Sprachvergleich Deutsch-Türkisch, , 1987, Wiesbaden

3. Rupprecht S. Baur, Einführung in die Fachdidaktik Türkisch, 1990, Essen

4. Claudia Benholz, Iordanidou, Sprachliche Förderung von Schülerinnen und Schüler mit Migrationshintergrund in der Sek1, s. 15- 25

Sprachvergleich Deutsch-Türkisch

DEUTSCH	TÜRKISCH
- Indoeuropäische/indogermanische	- Ural-Altaische Sprachfamilie
- Lateinische Buchstaben	- Lateinische Buchstaben
- 26 Buchstaben (..ä, ß, q, w, x), (8 Vokale)	- 29 Buchstaben(..ç, ş, i, g , I), (8 Vokale)
- Flexion, flektierende Sprache	- Agglutination, agglutinierende Sprache
- komplexes Laut-Buchstaben Verhältnis 1Buchstabe-1Laut	- lauttreue Buchstaben
- Präfixe (Vorsilben) und Suffixe (Nachsilben)	- keine Präfixe
- Polyseme Formen der Artikel	- Kein Artikel und kein Genus für Nomen
- 9 Formen der Pluralbildung	- Nur 2 Pluralformen
- Großschreibung bestimmter Wortklassen	- Nur am Satzanfang oder Eigennamen

Quelle: Ursula Neumann, türkische Kinder-deutsche Lehrer, 1982, München
Sprachvergleich Deutsch-Türkisch, Alev Tekinay, 1987, Wiesbaden
Einführung in die Fachdidaktik Türkisch, Rupprecht S. Baur,1990

Fehlerbeispiele der türkischen Muttersprachler, die Deutsch nicht systematisch gelernt haben[13]:

Kirankensayn, Biir, Fogil, Fabrek, vartin, Ayisbeer, züpe, fragin, sivester, abays amt, maine, mutta, halo, wie gets dir?, ich kan niht, woher du kommen?, ich arbeit fabrek, fayarabent usw.

Fehlerbeispiele aus den Texten der türkischen Grundschulkinder[14]:

1. Ich gehe von Schule zu Hause. (9 jährige Schülerin)
2. Muter fragt wann du kommst. (10)
3. Mutter sagt, ich soll früchstücken. (10)
4. Ich stehe morgen früh auf. Dann frühstücke ich. Danach gehe ich in Schule. Manhmal fragt meine Lehrerin mir ich soll mich verspetet habe. (10 jähriger Schüler)

(Ausschnitt aus einem Aufsatz einer 10jährigen türkischen Schülerin, die an dem Türkisch Unterricht in der Schule nicht teilnimmt.)

Fehlerbeispiele in Sekundarstufe 1 Bereich [15]

- Es wurde eine sehr faine Tasche gefunden. (Hasan, 7. Klasse, Hauptschule)
- Die Mutter möchte nur wissen, wieso sein Sohn... (Elif, 8.Klasse, Gesamtschule)
- Durch diesen Vorschlag, das ihr Nachteile bringt. (Sedat,7.Klasse, Gesamtschule)
- Beide Bücher behandeln diesen Kapitel. (Mehmet, 8.Klasse Gesamtschule)
- Der Umfeld vom Umgebung (Mehmet, 8.Klasse Gesamtschule)
- Förderunterricht hat mir mein Deutsch Lehrerin emfohlen. (Mehmet, 8. Klasse)
- Ich mache meine Hausaufgabe, weil meine Eltern mir dazu zwingen. (Mehmet, 8 Klasse)

---

[13] Diese Pesonen verwenden die Sprache nur in der mündlichen Kommunikation bzw. auf der Arbeit, zu Hause, in der Bahn usw.
[14] Grundschulkinder in Düsseldorf, die zurzeit durch Förderunterricht und Nachhilfe in Deutsch gefördert werden.
[15] Förderunterricht für mehrsprachige Schülerinnen und Schüler, Uni-Essen, 2005

- Wie viel Stunde bist du gefachren? (Mehmet)
- Der Hund hat das Kind erschroken. (Mehmet)
- Der Mann hat die Preise gesunken. (Mehmet)

Fehlerbeispiele in der Schreibwerkstatt für türkische Studierende an der Essen-Uni[16]:

- Daher muss die Gesellschaft die Funktion der Sprache beherrschen, um in der Kommunikationsgesellschaft auch seine Interessen zu vertreten.
- Im Trägersatz verleiht ein Ausdruck des Fragens dem Gliedsatz eine echte Fragefunktion, dass der direkten Frage entspricht.

---

[16] Diese Schreibwerkstatt wird jedes Semester an der Essen-Uni für türkische Studierende unter der Leitung „Yurdakul Cakir" angeboten. Beispiele: Seminararbeiten.

BEI GRIN MACHT SICH IHR WISSEN BEZAHLT

- Wir veröffentlichen Ihre Hausarbeit,
  Bachelor- und Masterarbeit

- Ihr eigenes eBook und Buch -
  weltweit in allen wichtigen Shops

- Verdienen Sie an jedem Verkauf

Jetzt bei www.GRIN.com hochladen und kostenlos publizieren